AF447424

Deux automnes

Line Marlin

Deux automnes

Édition Marmin

À mes bêta-lectrices et mon bêta-lecteur : Aline, Émilie et Sébastien ;

Au Club des Auto-édités et des Indépendants ;

Chapitre 1

Une lueur automnale éclairait le salon désormais transformé en atelier. Durant l'été, les chansons du Grand Jacques provenant de la porte d'entrée laissée ouverte avaient attiré quelques curieux. Guidés par l'odeur du cigare, après quelques pas dans un couloir, ils découvraient alors sur leur gauche une pièce garnie de tableaux attendant un acheteur. Près de la fenêtre, avec vue sur le couloir, le peintre travaillait sur son chevalet. Peignant de sa main droite, fumant de sa main gauche.

En réalité, il préférait largement peindre en extérieur, au contact de la nature. Il aimait les coins calmes, sans observateurs. L'automne arrivant, les jours ensoleillés se raréfiant, il devait alors se contenter de son atelier. De temps à autre, quelques curieux entraient observer ses toiles et, encore plus rarement, repartaient avec l'une d'entre elles.

Désormais, il faisait trop froid pour laisser la porte ouverte. Les curieux avaient disparu laissant l'artiste savourer sa passion en solitaire, avec son cigare et son vieux tourne-disque.

— Encore du sale temps.

Jacques, le café à la main, observait le

ciel grisâtre à travers la fenêtre.

— Pleuvra avant le déjeuner. M'enfin, au moins je n'aurais pas de visite aujourd'hui. C'est bien le seul avantage de cette saleté de saison. À défaut de profiter de Dame Nature, je peux peindre tranquillement.

Il alla terminer son café dans le seul fauteuil de la pièce. Un fauteuil en cuir marron qui n'était plus de toute jeunesse, avec d'un côté la porte du couloir et de l'autre un petit guéridon encombré de carnets. De cet endroit, il pouvait aisément parcourir des yeux ses toiles, « son trésor ». Quand sa femme lui avait soumis l'idée d'ouvrir un atelier où exposer ses peintures, il avait refusé. Il avait alors avancé plusieurs prétextes et avait réussi à garder précieusement cette part de lui-même hors d'atteinte d'un regard extérieur.

La mise à nu eut quand même lieu.

Un soir, en rentrant de l'usine, une pièce de son trésor avait disparu. Il l'avait retrouvée au milieu des pelotes de laine que vendait sa femme. Cette dernière lui avait alors rapporté avec un grand sourire tous les compliments faits par ses clientes. Il avait eu du mal à retenir ses larmes et elle lui avait remonté le moral comme elle savait si bien le faire. Une brèche s'était créée dans le rempart. Au fil des mois, le nombre de toiles dans la mercerie augmenta. Puis, comme elle l'avait souhaité, la mercerie laissa place à l'atelier de peinture.

Jacques se leva pour mettre en marche la platine. Il positionna le bras de lecture à l'extrémité du disque et observa le mouvement circulaire faire disparaître le nom de Jacques Brel.

— Dommage qu'on ne se soit jamais rencontrés. Les Jacques sont des gens admirables, et c'est un Jacques qui le dit ! On aurait forcément fait quelque chose de bien. Imagine : Jacques Brel à la chanson, Jacques Prévert aux rimes et moi, Jacques Muller, aux pinceaux ! En parlant de pinceaux...

Jacques s'installa derrière son chevalet et continua l'œuvre débutée plusieurs jours plus tôt.

Après plusieurs heures et un repas, il posa son pinceau et se recula de quelques pas pour juger son travail. Au bout de quelques secondes, il se frotta le crâne sous son béret. Il émit un grognement et sortit un cigare de sa poche dont il ne tira qu'une bouffée. Il attaqua les touches rectificatives.

Un quart d'heure plus tard, nouvelle prise de distance. Quelques reflets furent modifiés. Puis un sourire apparut sur son visage. Il s'adonna à la contemplation de son nouveau-né. Son cigare fini, il entreprit ensuite de nettoyer et ranger ses outils.

Les pinceaux enfin propres et alors que le tour des tubes de peinture allait débuter, le grand pendulier sonna six heures.

— Bientôt l'heure, songea-t-il.

Il termina rapidement son rangement puis plaça son œuvre devant la vitre donnant sur la rue. Pour cela, il dut chasser la grosse chatte écaille de tortue, endormie au milieu des tableaux déjà exposés. Il contempla la disposition finale des tableaux puis tira le lourd rideau les séparant du reste de la pièce désormais plongée dans le noir. Il se dirigea vers le couloir éclairé par les dernières lueurs du jour. Il accrocha son tablier au portemanteau qui lui était dédié à l'entrée de l'atelier et referma la porte derrière lui.

Jacques passa derrière un lourd rideau qui cachait l'escalier menant aux étages supérieurs. Il s'arrêta au premier étage et alla directement ouvrir le placard de sa chambre. Il en sortit une veste marine, un pantalon de velours de la même couleur et un pull en laine gris foncé. Il s'habilla rapidement et se contempla dans la glace de la porte de l'armoire. Un grognement de satisfaction, l'armoire refermée, et il sortait avec son parapluie.

Chapitre 2

L'air était frais et rempli d'humidité. Si la pluie ne tombait pas encore, le ciel était couvert de gros nuages gris. Le parapluie serait sûrement utile au retour. La rue était déserte. En face, le musée « Au fil du papier » avait fini sa journée. D'un pas lent mais assuré, Jacques remonta la rue Magot de Rogeville en direction de la place Duroc, la place principale de Pont-à-Mousson. Elle se trouvait à quelques mètres seulement de chez lui. Il atteignit la place triangulaire en moins de cinq minutes. La pluie commença à tomber. Des petites gouttes annonciatrices de plus grosses. Il se dépêcha de gagner les arcades avant le début du déluge.

— Saleté de saison.

Un regard noir observait les impacts de l'eau sur les pavés. Jacques reprit sa route de son pas assuré, regrettant les jours ensoleillés. Il poussa la porte d'un café situé quelques mètres plus loin sous les arcades de la place. Le gérant s'adressa immédiatement à lui en souriant.

— Salut Jacques. Je te sers la même chose que d'habitude ?

— Oui, s'il te plaît, répondit en saluant d'un signe de tête l'intéressé.

Il n'avait pas encore vu ses anciens collègues qu'il les entendait déjà. Manu et Daniel, bons vivants, n'étaient pas du genre réservé. Ils aimaient être au centre de l'attention. Comme souvent ils étaient assis l'un en face de l'autre. À droite de Daniel, caché derrière ses lunettes, Lucien écoutait attentivement la conversation des deux autres.

— Ah, Jacques, te voilà ! s'exclama Manu. Tiens, assieds-toi là.

Manu s'empressa de reculer la chaise à côté de lui. Jacques s'exécuta. Il mit sa veste sur le dossier de la chaise et posa son béret sur la table.

— Il ne manque plus que les deux amoureux, plaisanta Daniel.

— Si Johnny t'entendait ! intervint Lucien.

— Le Teckel serait de retour !

La tablée rigola à l'unisson.

— On ne fume pas à l'intérieur,
Jacques.

Le gérant lui apportait son café irlandais.

— C'est vrai, c'est vrai. Je ne m'y habi-
tuerai jamais.

Jacques rangea son briquet et sa boite
de cigare qu'il avait sortis machinalement.

— Ça fait un bout de temps qu'on n'a
plus le droit, insista Lucien.

— Jacques, il n'a que ses peintures
dans la tête.

— Manu, à ce rythme-là, ce bon vieux
Jean-Claude pourra toujours lui rappe-

ler dans 15 ans ! annonça Daniel.

— À condition de ne pas avoir pris ma retraite d'ici là, répondit le gérant.

— On te fera une place autour de la table, plaisanta Daniel.

La porte du café s'ouvrit et laissa entrer deux nouveaux arrivants. Georges et Johnny. Ils se dirigèrent vers la table où ils étaient attendus. L'aîné devança le patron en commandant la même chose que d'habitude. Le plus jeune, qui devait avoir une vingtaine d'années tout au plus, s'assit entre Lucien et Manu tandis que le deuxième à la stature bien droite et aux cheveux plaqués en arrière prit la place restante entre Jacques et Daniel.

— Chaque semaine, ce sont toujours les mêmes qu'on attend.

— Y en a qui bossent !

— Il n'y a pas que toi qui bosses, Johnny.

— Manu et Daniel, vous étiez du matin ! Jacques et Lucien sont à la retraite !

Les cinq autres éclatèrent de rire. Il était décidément trop facile de provoquer le petit jeune toujours prêt à se quereller. Jacques observait les ondulations qu'il provoquait en touillant son café.

— À ce propos, comment se passe ta retraite, Jacques ? l'apostropha Manu.

— Alors, tu t'y fais ?

— Je doute qu'il en profite pour courir les filles.

— Les filles en peinture uniquement, corrigea Daniel.

Jacques abandonna l'observation de son café pour répondre.

— Ça se passe.

— Au début, ça fait bizarre ce changement de vie, compléta Lucien. Mais on s'y habitue vite.

— Et tes peintures alors ? questionna Manu.

— Je peux enfin y consacrer tout mon temps. Ou presque.

En ajoutant les deux derniers mots, ses yeux avaient fait le tour de la table.

— Tu crois tout de même pas qu'on va te laisser t'enfermer dans ton atelier, l'ermite !

— Au moins, les patrons auront fait un heureux, annonça Lucien avant de boire une gorgée de son demi.

Le gérant apporta un demi pour Johnny et un Ricard pour Georges.

— Ça nous a bien sauvés, répondit Johnny.

— Pour combien de temps, coupa Lucien.

— Va savoir, fit pensif Manu en secouant les glaçons de son whisky.

— La demande continue de chuter. C'est fini la sidérurgie, les gars.

— Ils viennent juste de fermer le quatrième haut-fourneau, ils ne vont pas fermer les autres tout de suite.

Daniel avait parlé d'un ton ferme et assuré. Toutefois, il s'empressa de cacher son visage derrière sa bière.

Jacques se leva pour aller fumer. L'avenir de la sidérurgie ce n'était plus son problème, ce ne l'avait même jamais été. Sans son père, il n'aurait jamais mis les pieds dans l'usine Saint-Gobain où il avait passé toute sa vie. À l'annonce de la fermeture du haut-fourneau, il n'avait pas hésité. Il s'était porté volontaire pour partir en préretraite. Des copains licenciés en moins et, enfin, il pouvait s'adonner entièrement à sa peinture.

La pluie tombait toujours. Appréciant son cigare, il observait les rares clients du cinéma se préparer à affronter l'averse. Il en vit deux quitter la sécurité des arcades pour travers la place en courant vers leur voiture.

— Vraiment quelle saison détestable. Pluie, humidité, vent, dépérissement de la nature.

L'hiver lui était plus agréable. Malgré le froid glacial, bien couvert et en faisant attention aux plaques de verglas, il pouvait se promener de longues heures. La neige donnait aux paysages un côté féerique que n'avaient pas les feuilles mortes de l'automne.

— Pas étonnant que la Toussaint tombe en automne. La saison préférée de la faucheuse, pour sûr.

Le souvenir du décès de sa femme deux ans plus tôt lui revint. Les traits de son visage se durcirent. Il jeta le reste de son cigare dans le caniveau et retourna auprès des autres.

Il resta encore une heure à écouter la discussion sur la crise de la sidérurgie en Lorraine. Crise ne trouvant pas de solutions, ignorant les efforts de modernisation des usines et surtout les conséquences humaines qu'elle provoquait. Quand les six compères se séparèrent, il pleuvait toujours. Jacques fut heureux d'avoir son parapluie pour le protéger sur la centaine de mètres à parcourir avant de retrouver sa demeure.

Chapitre 3

Comme chaque matin depuis qu'il était en retraite, Jacques se leva avec le sourire. Il était impatient de rejoindre son atelier de peinture. Jamais plus il ne remettrait les pieds dans cette usine haïe.

Après un rapide coup d'œil au réveil qui indiquait 7 h, il refit son lit et s'habilla rapidement. Il ouvrit ensuite les volets en bois peints en blanc. La pluie d'automne était au rendez-vous. Décidément, elle ne le lâcherait pas.

Il descendit pour prendre son café dans la cuisine en ramassant l'édition du jour de l'Est Républicain glissé à travers la fente de la porte. En attendant que la cafetière ait fini son labeur, il remit des croquettes dans la gamelle de Savane, la chatte. Cette dernière ne tarda pas à arriver.

— Toi aussi, tu l'aimes pas cette saison, hein ? Ça fait un moment que tu sors plus.

Jacques coupa deux tranches et les tartina de beurre. Le café était prêt. Il se leva pour remplir son bol et prit son petit-déjeuner tout en lisant le journal local.

Quand il eut fini, il nettoya rapidement la vaisselle utilisée et la laissa sécher sur le bord de l'évier. Il passa ensuite se faire une toilette sommaire dans la salle de bain. Maintenant, il était prêt.

Il repassa dans l'atelier en refermant la porte de la cuisine derrière lui. Il ouvrit le rideau masquant la fenêtre, constata que la pluie ne s'était pas arrêtée et alla s'asseoir dans le fauteuil. Il alluma un cigare et le savoura en contemplant les tableaux qu'il avait réalisés.

Au bout d'un bon quart d'heure, il se leva pour reprendre une tasse de café avant de revenir dans le fauteuil avec un carnet à croquis. À défaut de se promener, c'est en griffonnant qu'il trouvait l'inspiration. Pour lui, une toile vide, c'était une page blanche. Rien ne naissait.

Il laissa libre cours à son imagination sur son carnet. Dans ces moments, sa notion du temps s'estompait. Il en oubliait même le son familier du carillon. En retraite et seul, le temps lui importait peu. Sauf le jeudi, jour de son rendez-vous hebdomadaire au café. Ses oreilles guettaient alors les six coups du soir.

Il vit une silhouette s'arrêter devant la fenêtre. L'horloge murale indiquait 11 h 45.

— Bientôt midi. Sans doute un visiteur du musée, il va passer son chemin.

Quelques minutes plus tard, le tintement de la clochette de la porte d'entrée le fit sursauter. Il y avait bien un écriteau « ouvert » posé sur l'appui de fenêtre. Toutefois, c'était la première fois qu'un visiteur s'aventurait dans l'atelier depuis que la porte était fermée à cause du froid.

Une jeune fille d'une vingtaine d'années aux longs cheveux roux-orangé franchit le seuil. Bien que la pluie s'obstinait dehors, ses vêtements, ainsi que ses cheveux étaient secs.

Jacques fixa d'un regard soupçonneux la jeune fille avant de reporter son attention sur son croquis.

Elle a dû déposer dans l'entrée son parapluie ou un de ces ponchos imperméables. Une fois réchauffée et divertie, elle s'en ira.

Comme il s'en doutait, la jeune fille fit le tour de la pièce observant une à une les toiles exposées. Mais le tour terminé, au lieu de s'en aller, elle s'approcha de lui.

Il l'ignora puis, comme elle restait immobile, interrompit ses gribouillages pour lever vers elle des yeux agacés. Elle avait de magnifiques yeux verts légèrement bridés.

— Je peux vous aider, mademoiselle, questionna-t-il.

Il essaya d'être poli, mais sa voix trahissait son énervement. Il avait horreur d'être observé. Il assimilait cela à du voyeurisme violant son intimité.

— Pourquoi toutes les peintures représentant l'automne sont lugubres ?

Jacques ne sut que répondre. Ses yeux s'étaient agrandis et sa bouche restait résolument fermée. Jamais on ne lui avait fait ce type de remarque.

— Les toiles où l'été ou le printemps sont présents sont toujours gaies et lumineuses, reprit la jeune fille.

— L'hiver est souvent triste comme sur ce tableau.

Elle montrait un bonhomme de neige abandonné au milieu d'un champ enneigé.

— Mais, parfois, il est heureux, magique même, continua-t-elle montrant la neige tombant sur un immense sapin de Noël enguirlandé de mille couleurs.

Jacques l'écoutait sans rien dire, sans savoir quoi dire. Il n'avait jamais pris de recul sur sa peinture. Il peignait ce que son cœur lui dictait, sans plus d'analyse.

— L'automne, lui, est toujours négatif

dans vos peintures. Des allées sombres de feuilles mortes, des arbres dégarnis, des sentiers boueux.

Le tourne-disque entama les premières notes de Mathilde.

La jeune fille observait Jacques de ses yeux verts attendant une explication. Toujours aussi désemparé, Jacques sortit un cigare. Il expira la fumée vers la jeune fille en face de lui et attendit. Elle ne bougea pas. Une lueur de déception passa dans les yeux de Jacques.

— Pourquoi ne montrez-vous que le côté négatif de l'automne ? L'automne est une saison tellement belle.

— La pluie, les bourrasques, les feuilles mortes pourrissantes, les arbres décharnés ? Et j'en passe.

La jeune fille parut à la fois surprise et profondément peinée de cette réponse peu élogieuse de cette saison qu'elle semblait tant admirer.

— L'automne ne se résume pas qu'à cela.

La vieille horloge sonna midi.

— Les oiseaux qui fuient vers des lieux plus accueillants ?

Elle ne répondit rien. Jacques posa son carnet et se leva.

— Midi, ça ferme.

Il lui montra d'une main la sortie. Elle se résigna. Toutefois, juste avant de franchir le seuil de l'atelier, elle se ravisa. Jacques la regarda, contrarié.

— Si vous pouviez y faire un tour. Peut-être que vous changeriez d'avis.

Elle tendit à Jacques un bout de papier.

— Je vous le pose là, ajouta-t-elle devant l'air courroucé de son interlocuteur.

Jacques laissa échapper un soupir de soulagement quand il entendit la porte se refermer. Il alla immédiatement retirer l'écriteau « ouvert ».

Il prit le papier que la jeune fille avait posé sur un chevalet. Une carte publicitaire pour une exposition sur les arts japonais à l'abbaye des prémontrés.

— Quel rapport ? C'est pas mes oignons.

Chapitre 4

Jacques décida de cuisiner quelque chose pour chasser l'absurde conversation avec l'étrangère de sa tête. Il passa dans la cuisine et abandonna avec nonchalance la carte de visite dans la corbeille de fruits. Il ouvrit le garde-manger et après un moment de réflexion saisit un pot contenant des lentilles vertes et un autre avec des pois chiches. Les lentilles pour aujourd'hui et les pois chiches pour demain. Il mit des pois chiches à tremper et des lentilles dans une casserole d'eau avant d'allumer le gaz. Il remit les pots à leur place avant d'ouvrir le frigidaire. Il sortit du jambon, de la moutarde et de quoi faire une sauce blanche. Lentilles à la moutarde, il en salivait d'avance.

Une fois son plat prêt, il s'attabla et savoura. Toutefois, il ne mangea pas tranquillement. La réflexion de la jeune fille l'obsédait. Chaque fois qu'il la chassait de ses pensées, elle revenait. Impossible d'apprécier son repas.

Son assiette avalée, il fit rapidement sa vaisselle avant de filer dans l'atelier. En se plongeant dans sa passion, son trouble disparaîtrait. Assis dans le fauteuil, il reprit son carnet de croquis.

Hélas, loin de se vider, son esprit scrutait dans chaque trait de crayon la manifestation de son inconscient. Cette analyse exacerbée de ses gestes détruisait sa créativité.

Il leva la tête de son carnet. C'était bien la première fois que son esprit n'était pas apaisé par son dada. La vertu libératrice de la peinture s'était évanouie.

Ses yeux se posaient tour à tour sur les toiles de la pièce. Son esprit cherchait un sens caché à chaque représentation. Représentation positive ? Négative ? Pourquoi avait-il voulu dessiner cela ? Pourquoi n'avait-il pas choisi autre chose ? Pourquoi dans ces teintes ? Pourquoi ce choix de lumière ?

Son regard finit par s'arrêter sur le dos de la toile terminée la veille. Face tournée vers la rue, c'était elle qui avait attiré la jeune fille. Elle avait apporté une étrange créature dans la grotte de Jacques. La satisfaction de la veille s'était effacée. Il en était si fier hier ! Aujourd'hui, cette toile était la source de ses préoccupations. Et la source de cette source, c'était lui.

Jacques se leva brusquement.

Il posa le carnet à croquis et quitta l'atelier. À l'étage, il prit la première porte à droite : son boudoir. Les enfants partis depuis longtemps, cette pièce faisait office de salon privé depuis un certain temps. Elle disposait de deux fauteuils en cuir beige, une table basse, un

secrétaire coincé entre deux biblio-
thèques.

Jacques aimait utiliser cette pièce
pour se retirer au calme. L'atelier et les
promenades dans la nature lui permet-
taient de s'évader. Le boudoir lui per-
mettait en plus d'être coupé du monde.
C'était l'endroit idéal pour clarifier son
esprit. Il sortit un cigare prêt à affronter
ses doutes.

C'est le moment que choisit Savane
pour sauter sur ses genoux.

— Te voilà, toi. C'est ici que tu faisais
ta sieste ?

Savane ne répondit que par d'in-
tenses demandes de câlin.

— Tu as loupé quelque chose ce matin. Figure-toi qu'une gamine est passée.

Elle a fait le tour comme les autres curieux. Sauf que celle-ci, elle est venue
me demander des explications sur ma
peinture. Puis pas des explications par
curiosité. Non, des reproches presque.

Savane se mit en boule en ronron-
nant.

— Tu ne vois pas le problème, le
chat ? Pourquoi l'automne est triste ? En
voilà une question. C'est qui le peintre ?
Je te le demande, le chat. Si j'ai envie de
le représenter comme ça, c'est mon
droit. De quoi se mêle-t-elle ? Si elle
n'aime pas mes œuvres tant pis pour
elle. Je ne les peins pas pour elle. Je les
peins...

Jacques s'arrêta. Il prit une longue
bouffée de son cigare, songeur.

— Je peins ce que j'ai envie de peindre. Je peins pour moi. Si mes toiles plaisent à d'autres tant mieux, sinon ça m'est égal. Si je ne ressens aucune positivité dans l'automne, qu'est-ce que cela peut bien faire ? Elle est psy peut-être. Non, elle voulait juste me vendre son expo. Les arts japonais... quel rapport ? Aucun, probablement. Elle a cherché une faille pour mieux m'embobiner. Perdu, jeune fille. Ça m'est égal. Je vais continuer à peindre ce que je veux. Je n'ai pas l'intention de me rendre à ton expo.

En disant cela, ces yeux se posèrent sur un cadre photo posé en évidence au-dessus de disques poussiéreux sur un guéridon. Une femme d'une cinquantaine d'années souriait tricotant paisiblement au milieu d'un jardin.

— La source de la source de la source, murmura-t-il pour lui-même.

Il se leva en posant le chat dans le deuxième fauteuil. Dans un des tiroirs du secrétaire, il sortit une bouteille de mirabelle et un verre à digestif. Après s'être servi, il referma le tiroir sur la bouteille et revint dans le fauteuil. Il observa, verre en main, pendant de longues minutes la photo de sa femme. Un profond sentiment de tristesse envahissait son corps. Un doute pointa son nez dans l'esprit de Jacques.

— L'automne...

Il but cul sec le digestif.

— Le 10 octobre 2007. Deux ans déjà.

En automne, le début des feuilles mortes. Elle a peut-être pas tout à fait tort la p'tite.

Chapitre 5

Après une longue sieste, Jacques n'était toujours pas d'humeur à peindre. Il se résolut à faire quelques courses au Carrefour City de la place Duroc. Cela lui prit moins d'une heure.

Au retour, l'envie de peindre était toujours absente. Il abandonna l'idée de s'y mettre aujourd'hui et remonta dans le boudoir où il prit un livre. Il n'interrompit sa lecture que vers dix-huit heures lorsque la lumière du jour devint insuffisante. Il alluma avant de se servir un verre de mirabelle. Il reprit ensuite sa lecture jusqu'à ce que le sommeil pointe le bout de son nez. Il alla alors se coucher, oubliant qu'il n'avait pas mangé.

La nuit porte conseil, dit-on. Jacques se réveilla sans conseils, mais ses doutes semblaient envolés. Il se hâta de déjeuner, impatient de pouvoir peindre. Il passa les deux jours suivants à ne rien faire d'autre que peindre, dormir et manger. Le plaisir de peindre ne le quitta pas. Il goûtait à une euphorique liberté.

Le troisième jour, la clochette de la porte d'entrée le fit sursauter. Il s'arrêta net de peindre et attendit, anxieux, de découvrir son visiteur.

La jeune fille aux cheveux roux lui souriait dans l'encadrement de la porte de l'atelier.

— Bonjour, le salua-t-elle gaiement.

— Je n'ai pas changé d'avis.

— C'est ce que j'ai pensé, ne vous voyant pas venir à l'exposition.

— Je n'ai que faire de cette expo. Trouve un autre client.

— Ce n'est pas grave si vous n'y allez pas.

— Alors que fais-tu là ?

— Je vous ai apporté des châtaignes.

Elle lui montra alors un petit sachet rempli de marrons chauds prêts à être dégustés. Jacques était éberlué. Elle en profita pour s'approcher et lui tendre le sachet. Jacques sentit la douce tiédeur des châtaignes qui s'élevait du paquet. La fraîcheur de l'automne avait sans nul doute refroidi des châtaignes brûlantes achetées peu de temps auparavant. Jacques en saisit une et la goûta. Son impression fut confirmée. Ni brûlante ni froide. Tiède, réchauffant le cœur, délicieuse. Devant le visage de Jacques, la jeune fille sourit. Un sourire mêlant satisfaction et malice.

— Alors ? s'enquit-elle. L'automne ne peut-il pas être chaleureux ?

Jacques se figea puis fronça les sourcils. Il s'était fait avoir comme un bleu. Il reprit une châtaigne avant de feindre la colère.

— Plus têtue qu'une bourrique !

La jeune fille éclata d'un rire clair.

— Ai-je tort ? Demanda-t-elle les yeux pétillants de malice.

— Les châtaignes sont délicieuses. Je n'ai pas pour autant envie d'en peindre.

— Mais pensez-vous toujours que l'automne est uniquement triste ?

Jacques souffla.

— Quelle entêtée ! Je peins ce que j'ai envie de peindre. Si cela ne te plaît pas, ça m'est égal.

— Votre prochaine peinture sera encore une vision morne de l'automne ?

— Je ne fais pas de peinture sur commande. Je peins ce qu'il me vient et je ne changerai pas.

— Y a-t-il une raison à cette tristesse ? Pourquoi l'automne vous évoque uniquement ce sentiment ?

La jeune fille affichait une mine peinée tandis que Jacques commençait à s'agiter. Il alluma un cigare.

— Ce ne sont pas tes affaires.

— Très bien.

La jeune fille abandonnait. Jacques se décontracta. Avant de sortir, elle se retourna tout de même et avec un sourire éclatant lui annonça :

— Si vous venez à l'exposition, je vous conseille le côté est du jardin intérieur.

Jacques fronça les sourcils, mais avant qu'il ne puisse répliquer, l'obstinée imita le tourne-disque :

— Après tout, vous me dites que vous n'irez pas plus loin, vous me prévenez que vous n'irez pas à l'exposition. Comme toujours...

Dans un grand rire, elle disparut.

— Quel rire agréable, songea Jacques.

Ni clochette ni porte d'entrée. Il se rendit dans le couloir. Elle était bien partie. Il ouvrit et ferma la porte. La clochette tintait bien.

— Trop absorbé par le rire pour l'entendre, conclut-il.

Il revint dans le salon et regarda en souriant le tourne-disque jouer les dernières notes de Vesoul.

Chapitre 6

Cette fois-ci, quand Jacques partit rejoindre ses compagnons au café, il ne pleuvait pas. À plusieurs moments, les nuages autorisèrent le soleil à se montrer. Les maisons grises devenaient alors plus gaies. Cependant, aucune chaleur ne se dégageait de ces rayons. Jacques s'arrêta devant la porte du café. Plus loin, de l'autre côté de la Moselle, se trouvait l'abbaye des Prémontrés où était hébergée cette fameuse exposition.

— Rien à faire de son expo, marmonna-t-il. Me concerne pas. Je peins ce que je veux et comme je le veux.

Il poussa la porte du café. Perdu dans ses pensées, il n'entendit pas la question habituelle de Jean-Claude et se dirigea machinalement vers les voix familières.

— Oh ! Jacques ! Assois-toi donc à côté de moi.

Manu lui présenta une chaise.

— Encore dans les nuages, taquina Lucien.

Jacques sourit en s'asseyant. Il ne partageait pas grand-chose en commun avec eux. Seulement cette usine qu'il avait toujours haïe. C'est son père qu'il y avait mis de force. Lui voulait faire des études. Les livres le passionnaient alors tout autant que la peinture. Tout ce savoir à portée de main ! Inutile. Le verdict de son père avait été sans appel. Il s'était ensuite retrouvé à la chaîne. Il y avait rencontré ceux avec qui il buvait aujourd'hui.

— Votre café irlandais, annonça Jean-Claude. J'ai supposé que c'était comme d'habitude.

— Encore plus dans la lune, remarqua Daniel.

— J'aurais peut-être dû le corser alors !

La tablée fixa Jacques, toujours perdu dans ses réflexions. L'inquiétude se lisait sur les visages.

— Jacques.

Jacques leva la tête de son café et sourit à Manu.

— Reste avec nous.

— Tu comptes nous refaire l'ermite comme chaque automne ?

Georges venait d'arriver et s'était aussitôt lancé dans la discussion.

— Chaque automne ? murmura Jacques comme absent.

Alors que Jacques retombait dans la contemplation de son café, les trois compères attablés fusillèrent du regard le nouveau venu. Georges mima qu'il n'y était pour rien. Il prit alors place à côté de Jacques et passa son bras autour de ses épaules.

— Mon bon Jacques, veux-tu venir avec moi ce soir ? Tu vas voir, ça va te changer les idées !

Il termina par un clin d'œil chargé de

sous-entendus.

— Bon Dieu, Georges ! explosa Manu.

— Mais quoi, enfin ! Je lui propose de se détendre !

— Tout le monde n'a pas une queue à la place du cœur !

— Le monde s'en porterait mieux !

— On fait une belote ? intervint Daniel.

Tous sauf Jacques se retournèrent vers ce dernier.

— Va pour moi, acquiesça Georges sans quitter Jacques des yeux.

Les autres suivirent. Jacques serait obligé de se concentrer sur le jeu. Ils en profiteront pour lui parler d'autres choses. Il y a trois ans, Jacques s'était enfermé chez lui, et sur lui-même. Il avait alors coupé tout contact avec l'extérieur. Sylvie, sa fille, sans nouvelles avait fini par appeler Manu. Ce dernier avait dû lui avouer que Jacques n'avait plus remis les pieds ni au boulot ni au café depuis le coup de fil de l'hôpital. Devant le désarroi de la jeune mère de famille, Manu lui avait promis de s'occuper de son père. Après de nombreuses tentatives infructueuses, ils avaient réussi à le faire revenir tous les jeudis soirs au café. Le retour à l'usine avait suivi.

Ils passèrent le reste de la soirée à jouer à la belote. Le pari fut gagné. Jacques se prit au jeu et ne sembla plus perdu dans les brumes de ses souvenirs. Quand ils se séparèrent enfin, Jacques était d'aussi bonne humeur que ses compagnons. Manu proposa de le raccompagner, mais Jacques déclina la proposition. Il ne pleuvait toujours pas et les nuages d'un gris pâle n'annonçaient pas d'averse imminente. C'était l'occasion idéale pour une promenade champêtre.

Jacques prit la direction opposée du chemin par lequel il était arrivé. Il traversa le pont reliant les deux parties de la ville séparées par la Moselle. À gauche, la rue menant à l'abbaye des Prémontrés. À droite, le port de plaisance. Il continua tout droit dépassant l'église Saint-Martin et remonta la rue Gambetta où étaient établis la plupart des restaurants de la ville. Au bout, il traversa et longea le cimetière. Sans un mot, sans un regard, le cœur douloureux. Quelques mètres plus loin, il s'engagea enfin sur le chemin piéton menant à la butte de Mousson.

Le sentier commençait en pente douce, légèrement boisé, comportant encore quelques maisons. La pluie des derniers jours avait rendu boueux les bords du chemin. Après une petite clairière, où d'autres sentiers venaient croiser le sien, Jacques commença la véritable ascension. L'eau s'écoulait rapidement dans le fossé creusé à sa droite. Au bout de dix minutes, il sortit de la protection des arbres. Des champs et des prés par moment cachés par des buissons et des arbustes. Il était seul à gravir les quelques centaines de mètres séparant Mousson de Pont-à-Mousson. Enfin, la pente s'adoucit. Les broussailles disparurent. Le panorama des alentours venait récompenser les efforts.

Dans les champs voisins, des bandes de corbeaux freux et corneilles croassaient. Un épouvantail, abandonné aux aléas du temps, trônait parmi eux.

— Triste peinture, commenta Jacques.

La frimousse de la jeune fille lui tendant le sachet de marrons chauds lui revint en mémoire.

— C'est à ce malheureux qu'il fallait les offrir.

Au panneau indiquant « Mousson », il s'arrêta pour reprendre son souffle. Il contempla la montée qu'il venait d'achever.

— Ça fait un moment que je ne suis pas venu.

Il reprit de nouveau son souffle avant de terminer sa pensée.

— Je n'ai plus l'habitude. Ça se perd vite.

Mousson était un petit hameau surplombant les alentours. Une centaine d'habitants. Jacques emprunta le chemin montant aux ruines du château de Mousson. Il passa sans s'arrêter devant les ruines de l'église des Templiers et après un virage il grimpa les quelques mètres le séparant du château, ou plutôt de ce qui restait de son enceinte. En haut de la butte, la vue s'étirait jusqu'à la frontière des trois pays — la France, le Luxembourg et l'Allemagne. Elle était facilement repérable à cause des cheminées de la centrale nucléaire de Cattenom. Plus à l'ouest, les ruines du château de Prény dominaient l'autre rive de la Moselle.

Jacques trouva un avantage à l'automne. Il était seul parmi les ruines. Hormis Jacques, personne ne gravissait la route de Mousson à cette période et les habitants du hameau étaient accaparés par leur quotidien.

L'herbe encore mouillée l'empêchait de s'asseoir. Il marcha jusqu'à la chapelle des Lumières, construction moderne de fer et de verre, à l'emplacement de l'ancienne chapelle castrale détruite en 1944. Il resta debout, à côté du Christ, pour contempler le paysage sous ses yeux.

Il connaissait bien cette vue. Il venait régulièrement tout au long du printemps et de l'été. Par contre, cette fois, elle n'avait pas la même saveur. Pas de soleil illuminant les plaines. Pas de papillon virevoltant dans l'insouciance. Pas d'oiseau chantant sa joie de vivre. Devant lui s'étendait dans l'ombre des nuages des villes grises et des champs ocre. Il n'y avait plus cette alternance entre les prairies vertes, les champs jaunes de colza et les lignes dessinées par les vergers et les vignes. Quelques arbres tranchaient avec le décor arborant des feuillages jaunes ou rouges.

— Et bientôt, ils n'auront plus que leurs branches, soupira-t-il.

À ses pieds, le long de la Moselle, l'abbaye des Prémontrés se détachait distinctement.

— Qu'est-ce qu'elle peut bien trouver à cette saison ? Les marrons chauds peuvent se manger en dehors de l'automne. Combien de fois j'en ai mangé pendant les marchés de Noël ? Ça, c'était chaleureux ! Les illuminations, le vin chaud, les chalets enneigés... Malheureusement, il y a beaucoup trop de monde.

Jacques vit un voile approcher dans le lointain.

— La pluie.

Il se hâta de rentrer chez lui avant que l'ondée n'arrive sur Pont-à-Mousson.

Chapitre 7

Jacques était installé dans le fauteuil de l'atelier dégustant une tasse de café. Il pressentait que la jeune fille serait là aujourd'hui. Il savait que la jeune fille avait raison. Il avait un problème avec l'automne.

Sa rencontre lui avait fait prendre conscience des conséquences de la mort de sa femme sur sa vie. Il avait enfermé ses sentiments au fond de son cœur, mais son pinceau les avait alors exprimés. Aujourd'hui, il n'avait pas la tête à peindre. Les toiles blanches lui remémoraient trop de mauvais souvenirs.

Son rejet initial de l'interrogation de la jeune fille était lié. Il avait refoulé la raison de sa détresse et ne voulait pas l'affronter. Il s'était convaincu qu'il allait bien, qu'il n'avait besoin de personne.

Au début, il s'était accroché, agrippé même. Il avait manipulé toutes les affaires de sa femme espérant la faire revenir, la revoir en chair et en os, souriante. Il n'était plus sorti de chez lui, l'attendant. Elle n'était pas revenue. Manu et les autres étaient venus. Ils avaient fait une brèche dans le mur de son donjon et l'en avaient sorti.

Il avait alors tout effacé, ou presque. Un cadre photo, quelques disques ou livres étaient restés. Le reste avait disparu au deuxième où il n'allait jamais. Un coup de peinture sur son ancienne vie. Il avait ensuite peint au-dessus de ce nouveau fond. Il avait cru faire table rase du passé.

Puis une frimousse aux cheveux roux avait créé des fissures. Par endroit, le fond s'était effrité et l'ancien motif apparaissait. Sa détresse revenait au premier plan.

La jeune fille apparut devant lui. Elle avait encore ce magnifique sourire et ces yeux verts brillant de malice. Elle avait sûrement encore rapporté quelque chose pour l'amener à visiter l'exposition.

— Tada !

Comme une championne du monde l'aurait fait avec sa coupe, elle lui montra un petit paquet caché derrière son dos la minute d'avant. Jacques posa sa tasse de café sur le guéridon et regarda le sachet noir d'un air interrogateur.

— Du thé à l'orange !

— Du thé ?

Jacques était incrédule. Il n'avait pas souvenir d'avoir bu une seule fois dans sa vie du thé. Il n'était pas anglais et même s'il possédait un chat il ne pensait pas ressembler aux grand-mères racontant leurs ragots autour d'une théière fumante.

— Sentez-moi ça !

D'un geste habile, elle délia le haut du sachet et approcha l'ouverture vers la figure de Jacques. Jacques se prêta au jeu, dubitatif.

— Tu sais avec le cigare, mon odorat est loin d'être excellent, prévint-il.

Il fut fort surpris. Une légère odeur d'orange se dégageait du sachet, mais il sentit aussi quelques épices. Il ne distinguait pas tout. Par contre, il était certain d'y sentir de la cannelle.

Le sourire de la jeune fille s'agrandit. Jacques en déduisit que son étonnement devait se lire sur son visage.

— Je vais le préparer.

Avant que Jacques n'ait pu dire quoi que ce soit, l'énergique demoiselle disparut derrière la porte de la cuisine. Elle s'y affaira immédiatement, ouvrant un placard ici, un autre là, cherchant ce dont elle avait besoin. Jacques abandonnait. C'était vain face à tant de résolution. Elle n'abandonnerait pas. Il alluma un cigare la regardant s'agiter dans une cuisine qu'elle avait désormais conquise.

Quelque chose en elle lui rappelait sa fille. Pas physiquement, elles ne se ressemblaient pas.

—Peut-être le dynamisme. Ça vient sûrement d'… d'Élie.

Jacques posa son cigare. Ses yeux rencontrèrent la tasse de café et il s'abandonna dans la contemplation du liquide noir.

—Il faut laisser infuser quelques minutes et ce sera bon.

Jacques sursauta. La jeune fille éclata de rire.

— Vous vous étiez endormi ?

— Qu'est-ce que ça peut faire, bougonna Jacques.

— Vous verrez, c'est délicieux !

— Comme l'automne est chaleureux, railla Jacques.

— Tout à fait !

— Je ne le trouve toujours pas chaleureux. Tu sais, j'ai été me promener hier. Rien. Rien de ce que j'ai vu n'était chaleureux. Au contraire, corbeaux, épouvantail, ciel gris, champs délaissés, on est loin des tableaux de Provence de Cézanne.

— C'est parce que vous ne regardez pas avec le bon prisme.

— Un prisme ? Je regarde avec mes yeux.

— Je reviens. Le thé doit être prêt.

Elle revint une minute plus tard portant sur un petit plateau deux ramequins. Elle posa le plateau sur le guéridon.

— Ah, vous n'avez pas fini votre café.

Elle sembla peinée, comme si c'était une faute de bienséance.

— Je le ferai réchauffer plus tard.

La proposition de Jacques redonna son éclat au visage de la jeune fille.

— Goûtons, alors !

Jacques prit sans conviction le ramequin. Il fumait encore un peu. L'odeur qui s'en dégageait réchauffa son cœur. L'odeur de l'orange était plus marquée que précédemment, mais sans masquer celle des autres éléments. L'image d'un chocolat noir fourré à l'orange lui vint à l'esprit. L'orange rajoutait une douceur gourmande. Il souffla avant de prendre une gorgée.

— Ça ne ressemble pas du tout à du café. Il n'y a pas ce côté corsé. Les épices laissent une saveur agréable.

Il pensa au pain d'épices que sa mère faisait.

— C'est pas mauvais.

Très bon même, pensa-t-il. *Finalement, je devrais songer à rejoindre le club de couture.*

— N'est-ce pas ?

Le visage de la jeune fille était radieux.

— J'ai entendu dire qu'il y avait une tradition consistant à offrir des oranges aux prisonniers, ici. Les oranges savent réconforter. Leur couleur est gaie et leur goût acidulé.

Jacques souffla et posa le ramequin avant de reprendre son cigare.

— Tu n'es pas d'ici ?

— Non, je ne suis là que pour quelque temps.

— Le temps de me convaincre d'aller à cette exposition.

La jeune fille éclata de rire.

— La prochaine fois, tu me fais une soupe de potiron ? ironisa-t-il.

— Je ne pense pas qu'il y ait de prochaines fois.

Elle avait répondu d'un ton léger. Son

visage était toujours aussi souriant, mais Jacques aurait juré avoir vu ses yeux cesser de pétiller pendant un instant.

— Tu penses m'avoir convaincu ?

— J'espère bien, répondit-elle avec un sourire encore plus grand.

— Tu es une sacrée tête de lard !

Ils continuèrent de discuter une bonne partie de la journée. Ils ne parlèrent pas que de l'automne. Ils abordèrent aussi la peinture, la lecture, les promenades dans la nature. L'arrivée de Savane lança la conversation sur les animaux. Jacques s'amusait beaucoup. Il vivait seul depuis trois ans maintenant et à part ses anciens collègues et quelques curieux l'été, il ne voyait personne. Il redécouvrait le plaisir d'avoir un interlocuteur.

La nuit venait de tomber quand la jeune fille s'apprêta à partir.

— Au fait, comment t'appelles-tu, la questionna Jacques.

La jeune fille s'immobilisa. Pendant un instant, le sourire avait laissé place à un regard troublé.

— Et vous ? répondit-elle.

Son visage était de nouveau souriant.

— Jacques Muller.

— Enchantée, Jacques. Je vous laisse me trouver le surnom qu'il vous plaira.

— Ce n'est pas très correct.

— Essayez de me convaincre de vous le dire, plaisanta-t-elle.

Elle disparut.

— Décidément, cette jeune fille cache

quelque chose.

Jacques débarrassa le guéridon et se motiva pour se préparer à manger. Ce n'est qu'en arrivant dans la cuisine qu'il le vit. Là, sur la table, un bout de papier illustré avec l'abbaye des Prémontrés. Jacques déposa les tasses dans l'évier et prit le morceau de papier : un billet d'entrée pour l'abbaye des Prémontrés.

— Nom de nom, quelle bourrique !

Chapitre 8

Jacques avait dîné sommairement. Il avait essayé de se refaire un thé à l'orange, mais ce fut un échec. Il y avait autant de thé sur la table que dans la boule à thé laissée par la jeune fille. Le dosage et le temps d'infusion n'étaient pas maîtrisés. Résultat : le breuvage était imbuvable. Au moins, Jacques avait ri. Il s'était souvenu de la première fois qu'il avait fait du café. Ce n'avait pas été mieux. Il rangea soigneusement le paquet noir dans un placard, nettoya la table et vida sa tasse dans l'évier.

Bien installé dans le fauteuil du boudoir, un verre de mirabelle à la main, Jacques ferma les yeux pour se remémorer sa journée.

— Le temps n'a pas changé. Toujours aussi maussade.

Un sourire se forma sur ses lèvres. Il regarda le portrait de sa femme.

— Pourtant, j'ai l'impression qu'un rayon de soleil s'est montré. Pas le même genre de soleil que toi, mais un soleil tout de même. Figure-toi que j'ai essayé de faire du thé. Il était tellement bon quand je l'ai goûté ! Ce fut une catastrophe.

Jacques rit de bon cœur.

— Depuis combien de temps cette

pièce n'a-t-elle pas entendu le son d'un rire ?

Un voile passa dans ses yeux. Le souvenir d'un nouveau-né éclatant de rire devant un bouchon de liège.

— Elle avait fait rire tout le monde. Un fou rire devant un simple bouchon. Combien de temps ça fait déjà ? Je ne me souviens plus.

Jacques ferma les yeux et se gratta la tête.

— Tu étais encore avec moi. Il y a donc plus de trois ans. Elle doit avoir grandi maintenant. Tu crois qu'elle a une bouille de chipie ? Qu'elle a encore cet air jovial ?

Cela faisait un moment que Jacques n'avait pas pris de nouvelles de ses proches. Il s'était désintéressé de leur vie, abandonnant la sienne à la peinture.

Il ouvrit les yeux et fixa le plafond. Tout avait basculé ce jour d'automne, l'annonce de la situation critique de sa femme. Sa mort, quelques jours plus tard.

— Et tu avais tout préparé... Pendant tout ce temps, tu nous as caché que tu étais malade et préparais tes funérailles.

Jacques avait délaissé le plafond et contemplait désormais la photo joviale de sa femme. Ses yeux brillèrent.

— Je suis un idiot, non ? Elle a raison la tête de lard. J'ai un problème avec l'automne. Peut-on vraiment trouver des points positifs à cette saison ? Oui, tu

voyais le bien dans tout. « Vois le bon côté, Jacques », disais-tu.

Jacques s'enfonça dans le fauteuil en
soufflant.

— Tu y serais allé à cette expo, non ?
Bien sûr que tu aurais été.

Jacques finit son verre d'une traite.

— Allez, au lit. Demain, j'ai une exposition à voir.

Un discret sourire s'esquissa.

— Elle a gagné.

Chapitre 9

Jacques regardait l'averse du matin à travers la vitre de l'atelier. Il terminait une tasse de thé. Encore un peu âcre, c'était toutefois buvable.

— La pluie ne devrait plus tarder à s'arrêter.

Pour patienter, il lava sa tasse et entreprit de préparer une liste de courses sommaire.

Il sortit de chez lui peu de temps après. La pluie éparse tombait toujours. Il ouvrit son parapluie et remonta la rue jusqu'à la place Duroc. Protégé par les arcades, il referma son parapluie. La pluie s'arrêta enfin.

Après les arcades, il prit la rue Maréchal Joffre, passa sur le pont Gelot surplombant la Moselle et arriva dans le quartier Saint-Martin. Il ne continua pas sur la rue Gambetta vers Mousson, mais tourna à gauche devant l'église Saint-Martin. C'est là que l'abbaye des prémontrés se trouvait.

Jacques passa la grande porte cochère et montra le billet laissé par la jeune fille au préposé au guichet. Il ouvrit le plan qu'on lui avait tendu et prit le chemin plus court menant au jardin intérieur.

Enfin, il le vit. Dans un coin du cloître,

sur une petite table, un jeune bonzaï. Un érable du Japon. Son feuillage était du même rouge orangé que les cheveux de la jeune fille. Il n'était pas très grand, ni très haut. Un tronc droit et nu puis un feuillage taillé en arc de cercle, « hokida-chi » indiquait l'étiquette. Ses feuilles étaient fines, plus petites que celles des espèces françaises ou canadiennes. Délicatesse et harmonie.

— Vous êtes un des derniers à pouvoir l'admirer.

Jacques se retourna. Un jeune homme le regardait depuis l'entrée du jardin. Trentenaire, jugea Jacques. Il quitta le porche et s'approcha de Jacques.

— D'ici quelques jours, il aura perdu toutes ses feuilles. Il n'y aura alors plus de concurrent pour faire de l'ombre à notre somptueux pin !

Le nouveau venu montra un énorme bonzaï au centre du jardin.

Jacques reporta son attention sur l'érable. Les explications avaient éveillé un trouble en lui. Cet arbre semblait si jeune et déjà il périssait. C'est à ce moment qu'il remarqua les quelques feuilles vermillon jonchant sur le terreau.

—Au printemps, les feuilles renaîtront.

L'exposant ne savait que faire devant le malaise qui était apparu sur le visage du vieil homme quand il avait évoqué la perte du feuillage rougeoyant.

—Elles seront d'un vert clair, pétillant. Par contre, l'exposition ne sera plus à Pont-à-Mousson.

Un éclair jaillit dans l'esprit de Jacques. Il ne périssait pas. Comme certains animaux, il hibernait en attendant les beaux jours. Il ressortirait resplendissant, plein de vigueur. Ce feuillage rouge avait allumé un feu dans le cœur de Jacques. Un feu qui pourrait faire griller quelques châtaignes. Un feu qu'il voulait garder jusqu'au printemps.

Jacques se retourna vers son interlocuteur resté silencieux, perplexe devant ce petit vieux distingué perdu dans une réflexion qu'il ne pouvait suivre.

— Merci, lui dit Jacques en quittant le jardin.

Le trentenaire fut déconcerté. Il essaya en vain de prononcer quelques mots, mais seuls des balbutiements se produisirent.

Dès que Jacques dépassa le trentenaire, ses yeux rencontrèrent une estampe exposée dans la salle des stations. Admiratif, il se dirigea vers la pièce. La salle des stations accueillait plusieurs estampes. Celle qui avait attiré Jacques représentait six personnes traversant un pont sous une averse, une septième dirigeant une embarcation. L'explication annonçait « Le pont Ôhashi à Atake sous une averse soudaine — Utagawa Hiroshige ».

Il connaissait la période japonaise de la peinture française. L'art japonais avait influencé les plus grands impressionnistes. Malgré son admiration pour ces œuvres, il ne s'était jamais intéressé à la source d'inspiration. Il découvrait pour la première fois l'art japonais et comprenait l'engouement qu'il avait produit. Derrière cette estampe qu'il voyait pour la première fois, il reconnaissait sans peine « Japonaiserie : Pont sous la pluie » de Van Gogh. Il s'attarda à observer les autres œuvres. Découvrant les paysages du Japon au fil des saisons et les occupations de ses habitants à l'époque Edo.

Jacques passa dans la pièce d'à côté. La grande sacristie. Ici, quelques calligraphies ornaient la pièce. Si Jacques fut moins emballé que dans la pièce précédente, il ne put qu'être admiratif devant tant d'épurement. Dépassant l'escalier carré, Jacques arriva dans l'église abbatiale. En piteux état, elle était restaurée petit à petit. Cela n'empêchait pas la chorale d'y donner ses représentations. Des paravents et des panneaux peints décoraient les murs de la nef. Les peintures étaient délicates. Les différentes saisons étaient représentées par des éléments naturels. Les cerisiers blancs pour le printemps, les pins pour l'hiver, les érables pour l'automne et pour l'été.

En sortant de l'église abbatiale, Jacques arriva sur le couloir donnant sur l'entrée. Des étampes décoraient les murs.

Au bout du couloir, en face de lui se

trouvait un gigantesque escalier rond. Il était passé devant sans le voir en arrivant. Pas d'œuvre japonaise, ici. L'escalier ovale porté par Samson faisait l'attraction à lui tout seul. Une porte vitrée laissait apercevoir le jardin de la cour d'honneur.

Il fit demi-tour et tourna à droite pour réemprunter le chemin qu'il avait pris en arrivant. Un peu plus loin que l'entrée du jardin, se trouvait la salle capitulaire. Des pots de fleurs joliment arrangés étaient disposés le long des murs. L'ikebana, indiquait le panneau explicatif, était l'art de l'arrangement floral et bien souvent appris aux petites filles à l'école.

Tout au bout du couloir, après la cantine, la salle à manger du soleil abritait une multitude de petits animaux en papier et trois masques reposant dans des vitrines. Les grues et papillons lui rappelèrent les confections de cocottes pendant la cour de récré. Le dragon en papier lui fit saisir la maîtrise que pouvait requérir l'origami. Il ne s'attarda pas beaucoup devant les masques, mais lut qu'ils étaient utilisés lors de pièces de théâtre.

Il continua sa visite par la cour d'honneur puis passa sous la galerie du bord de l'eau. La Moselle s'écoulait devant lui. Alors qu'il allait repartir, ses yeux se posèrent sur les arbres du jardin de la face nord. Des teintes jaunes et orange venaient parsemer leur feuillage encore vert. Il ne sut expliquer pourquoi, mais pour la première fois de sa vie il trouva ce changement de couleur magnifique.

Chapitre 10

Jacques rentrait chez lui découvrant Pont-à-Mousson sous un autre œil. L'image du jardin de l'abbaye s'accrochait à sa mémoire. Les arbres majestueux se parant de leur vêtement d'automne, la Moselle s'écoulant à leur pied, la façade nord restaurée, blanche et imposante, derrière eux. Les tours de l'abbaye se reflétaient dans l'eau. Leur toit à l'impériale à lanternon ajouré s'y distinguait clairement. Le blanc de l'édifice tranchait avec la couleur ocre ou grise des maisons lorraines.

Comment avait-il pu passer à côté de tant de beauté ? Il avait l'impression de se réveiller, de découvrir le bonheur de vivre. Ce décor était pourtant si simple ! Il en était resté subjugué. Il connaissait ce jardin depuis toujours, mais aujourd'hui il pouvait apprécier sa beauté. L'émotion humidifiait ses yeux.

Il remontait maintenant le pont Gelot. Il s'appuya un moment sur le muret de pierre. C'était un des meilleurs endroits pour observer l'abbaye. Elle faisait face au marché couvert. La Moselle s'écoulait paisiblement au milieu. Sur les berges, les arbres oscillaient entre le vert et le doré. Quelques canards barbotaient. Des feuilles emportées par le courant passèrent. Certaines vertes, d'autres marrons.

—Deux façons d'appréhender l'automne.

Arrivé sur la place Duroc, Jacques s'aperçut que cette place à laquelle il était habitué avait un certain charme. La place formait un triangle délimité par des arcades. À sa droite, vers le Nord, l'arcade la plus courte laissait un passage vers la place où se trouvaient la police municipale et le marché couvert. Puis s'étirant jusqu'à l'Ouest, l'arcade où se trouvait la mairie était séparée en deux parts égales par la rue Saint-Laurent. À l'Ouest, l'arcade abritait des cafés et une banque. La dernière était séparée en deux tronçons. Là se trouvaient le café, une supérette, quelques commerces, le cinéma et l'office du tourisme. Au centre de la place, entourée de places de stationnement, trônait une fontaine. Souvent, la place se peuplait de chapiteaux à l'occasion de manifestations diverses. En été, elle se couvrait même de sable pour un tournoi de beach-volley.

Jacques remonta l'arcade est pour rentrer chez lui. L'employée de l'office du tourisme était en train d'installer les décorations d'Halloween.

— Une fête des Morts joyeuse.

Le principe lui sembla identique à celui du feuillage des érables resplendissants avant de disparaître.

La mort doit-elle être triste ? Bien sûr

qu'il est douloureux de perdre un être cher, mais qu'aurait-il dit de nous voir nous détourner de la vie ? Un être avait quitté ce monde, les restants devaient-ils devenir des morts-vivants ?

Une fillette portant de grandes bottes jaunes passa en courant près de lui. Elle sauta à pieds joints dans la première flaque venue et explosa de rire. Sa mère accourut et la réprimanda. Jacques sourit.

Remontant sa rue, il se souvint qu'enfant, il jouait pendant des heures avec les feuilles mortes : batailles ou encore sauts dans les tas. Il regretta qu'il n'y ait pas dans les rues.

Jacques déverrouilla la porte de chez lui et monta directement dans le boudoir. Il prit la photo de sa femme et s'assit dans le fauteuil.

— Tu n'aurais pas voulu ça. Tu nous as caché cette maladie jusqu'au bout. Tu souriais en permanence.

Des larmes s'écoulèrent sur les joues de Jacques. Il continua la voix entrecoupée de sanglots.

— Tu ne souhaitais que notre bonheur. Et moi, je suis devenu un mort-vivant. J'ai eu peur de perdre à nouveau ce qui m'était cher. Alors, au lieu de les chérir, j'ai tout abandonné. Je me suis réfugié dans cet atelier, vestige de ta volonté passée.

Ce fut le moment que choisit Savane pour sauter sur les genoux de son maître et s'allonger sur la photo.

Jacques sentit la colère monter, mais se ravisa. C'était Élie qui avait adopté ce chat.

— As-tu pensé à la compagnie qu'il pouvait m'offrir en ton absence ? Tu aurais voulu que je continue d'avancer.

Un sourire triste se dessina sur le visage de Jacques.

— C'est vrai, tu as toujours détesté les inséparables. Tu disais que si l'un disparaissait, le deuxième devait être heureux pour deux.

Jacques dégagea ses mains de sous le chat. Il posa de côté le cadre et caressa le chat.

— Jaloux.

L'intéressée se mit à ronronner puis à se tortiller sur les genoux de Jacques.

Chapitre 11

Les jours qui suivirent, Jacques ne cessa de s'émerveiller de tout ce qui l'entourait. Sans comprendre la raison, il savait que le jeune érable rougeoyant avait été un déclic. Il avait enfin pris conscience de la beauté de la vie et des petites choses du quotidien. Il eut l'impression de sortir de dépression sans savoir vraiment s'il y avait véritablement été.

Dire que l'inspiration était revenue serait minimiser. Jacques était submergé par une envie pressante de clamer toute la beauté des choses qu'il découvrait. Il griffonnait avec ardeur sur son carnet de croquis, peignait avec passion sur sa toile.

Il était heureux de sa découverte. Il souhaitait absolument la partager et surtout montrer son changement à l'instigatrice. Il laissa libre cours à sa créativité pendant plusieurs jours espérant revoir la curieuse demoiselle. Elle ne se montra pas et, lui, reçut un coup de fil de Manu, car il avait oublié leur rendez-vous hebdomadaire.

Ce jeudi-là, les inquiétudes de ses compères furent vite dissipées. Jacques participa plus que de coutume à la conversation et leur vanta l'exposition sur les arts japonais se trouvant à l'abbaye de prémontrés.

La réalisation du tableau avançait vite. Il aurait fini bientôt. Jacques commençait à se sentir nerveux, les cigares diminuaient plus vite que d'habitude. Elle n'était toujours pas venue. Il avait des questions sur le dosage du thé. S'il s'était nettement amélioré, il ne rivalisait toujours pas avec la première tasse qu'il avait goûtée.

Un après-midi, ne tenant plus, il se rendit à l'abbaye des prémontrés. Décidé à relever le mystère, il entreprit de questionner l'accueil du musée.

— Une jeune fille d'une vingtaine d'années, les cheveux roux-orangé, yeux verts...

— Étirés, un peu comme les Asia-
tiques.

Le chargé d'accueil le regarda d'un
air décontenancé.

— Elle travaille ici ou en lien avec
l'exposition, non ?

— Des yeux verts bridés ? Jamais vu...

— Et si on oublie les yeux ?

— Hmm. Pas chez nous. L'expo, je n'ai
pas vu de jeune fille.

— Merci.

Jacques était désemparé. Il s'était
trompé, elle ne travaillait pas pour l'exposition. Il erra alors dans Pont-à-Mousson à la recherche d'une étincelle rouge-
orangé. Le quartier du Breuil, Saint-
Martin, le port de plaisance, la gare,
Saint-Laurent. Il observait les clients des

cafés, ceux du Macdo, les lycéens attendant leur train.

Sa recherche n'aboutissait pas. Il ne trouva nulle part la jeune fille. Il rentra alors chez lui pour dîner et lut un livre avant de s'endormir.

Chapitre 12

Un dernier coup de pinceau et il se recula pour contempler. Il alluma son cigare le sourire aux lèvres.

— Cette peinture lui plaira sûrement.

Comme un verre peut être à demi vide ou à demi plein, le regard sur le monde peut être positif ou négatif. En réalité, la nature n'en a que faire. Noir, blanc, gris, elle fait ce qu'elle a à faire sans se poser de questions. L'être humain vient ensuite poser son regard subjectif. L'automne peut symboliser le dépérissement, la dégénérescence. Les arbres perdent leurs feuilles mortes. La nostalgie des jours ensoleillés d'été s'installe dans nos cœurs. Les oiseaux fuient vers d'autres contrées, les corbeaux s'installent dans les champs. Les jours pluvieux achèvent ce sombre tableau.

Il serait dommage de s'arrêter là. S'opposant à la monotonie de la pluie, le feuillage des arbres se pare de somptueuses couleurs. Dénigrant les champs de céréales désertés, les citrouilles resplendissent dans les potagers. Les pommes, les raisins et les oranges viennent garnir les corbeilles de fruits. Les marrons chauds et les premiers feux de cheminée viennent combattre les premiers froids. Les promenades en forêt s'accompagnent de cueillettes de champignons.

L'Automne de Giuseppe Arcimboldo revint à l'esprit de Jacques. L'automne y est représenté sous les traits d'un homme d'âge mûr constitué des fruits et légumes de la saison. Si les teintes sont plus sombres que les portraits de l'été et du printemps, l'empreinte du temps plus visible, le portrait de l'automne reste néanmoins attrayant.

Son regard se tourna vers le tourne-disque annonçant que Mathilde est plus belle qu'avant l'été. Il ferma les yeux sondant son cœur. Quand il les rouvrit, il se dirigea dans le boudoir. Il marqua un arrêt devant la photo d'Élie. Les souvenirs affluèrent de nouveau. Il souleva le

cadre pour prendre le disque poussiéreux, abandonné en dessous. Il redes-
cendit et plaça le disque qu'aimait tant
écouter Élie. La voix de Françoise Hardy
résonna dans l'atelier. Depuis l'hospitali-
sation, il n'avait pu se résoudre à l'écouter. Pendant des années, Élie avait caché
à tous sa maladie. Un après-midi d'automne, vendredi 28 septembre 2007, le
secret était tombé. L'hôpital avait appelé
à l'usine. Sa femme était hospitalisée,
mourante. Jamais il n'avait imaginé que
derrière le sourire rayonnant de sa
femme se dissimulait un lourd secret. Il
n'eut pas grand-chose à faire. Elle avait
fait tout le nécessaire en vue de sa mort.
Selon ses volontés, il avait transformé la
petite boutique en atelier d'exposition

de peinture. Là aussi, il n'eut pas grand-chose à faire. Depuis un certain temps, les toiles étaient de plus en plus nombreuses à agrémenter la boutique.

Il s'était mis à détester cette saison qu'il lui avait enlevé son soleil. Sans ses rayons, il s'était renfermé sur lui-même.

Il se leva pour remettre les « Feuilles mortes » au début.

« les feuilles mortes se ramassent à la
pelle

tu vois je n'ai pas oublié

les feuilles mortes se ramassent à la
pelle

les souvenirs et les regrets aussi

et le vent du Nord les emportent

dans la nuit froide de l'oubli »

Lui aussi n'avait pas oublié, mais le

vent du Nord n'avait pas emporté ses souvenirs. Un érable les avait même remis au premier plan.

Il posa les yeux sur l'érable qu'il avait peint. Les feuilles resplendissantes sur les branches, les feuilles mortes au sol. Splendeur éphémère. Un panneau explicatif de l'exposition lui revint sur l'importance des fleurs de cerisiers au Japon. Il vit dans ce petit érable, un flamboyant écho à la blancheur des fleurs printanières.

La jeune fille ne revint pas.

L'attente avait fini par se transformer en profonde déception. Un soir, installé dans le boudoir avec un verre de mirabelle, il prit sa tristesse à bras-le-corps.

— Pourquoi tu déprimes ? N'as-tu toujours pas dit que tu peignais pour toi ? Quelle importance qu'elle revienne ou non ?

Il alluma un cigare. La fumée s'élevait lentement vers le plafond.

— Ce tableau, c'est moi qui ai voulu le peindre. Oui, elle m'a guidé. Mais ce n'était pas pour faire le bon élève que cette toile était née. C'était... je voulais crier ma joie face à un nouveau monde qui s'ouvrait. J'ai peint à mon habitude, selon mon inspiration. Ce qui a changé, c'est l'intensité du besoin de transmettre.

Jacques prenait pleinement conscience que peindre était un moyen de communiquer, une façon de se dévoiler.

Il ferma les yeux.

— Ce n'était pas pour elle. Ce n'est pas un tableau fait sur commande. Je veux la remercier. Grâce à elle, ma perception des choses s'est élargie. Cette rencontre m'a fait grandir. En fait, ce que j'ai, c'est de l'amertume. Celle de ne pas pouvoir remercier quelqu'un dont on est redevable.

Il ne voulait pas garder le tableau dans l'atelier. Il tenait à le donner à quelqu'un. Ce dernier sursaut de chaleur et de beauté ne devait pas tomber dans l'oubli. Son visage lui apparut. De minuscules yeux découvrant l'immensité du monde. Elle devait avoir trois ou quatre ans maintenant. Comme tous les enfants de son âge, elle devait adorer la peinture et sauter dans les flaques d'eau.

Pour la première fois depuis l'enterrement de sa femme, il composa un numéro de téléphone. Il espérait que le numéro trouvé dans le carnet d'adresses n'avait pas changé.

— Allô ? fit une voix de femme.

— Sylvie ? dit Jacques d'une voix émue.

— Papa ? C'est toi ?

— Oui.

— Tu... Il y a un souci ?

— Non. Je... je sais que je n'ai pas été très présent ces dernières années.

— Ça, on peut le dire. Tu ne viens même pas à Noël. Je sais que tu ne t'entends pas bien avec ton frère, mais quand même.

— Je suis désolé.

— Tu appelais pour une raison parti-
culière ?

— Je pensais vous inviter à la maison,
avec la petite.

— Papa, tout va bien ?

— Maintenant, oui. Je suis vraiment
désolé de vous avoir abandonnés
comme ça après...

Jacques avait la voix qui tremblait. Il
prit une inspiration pour continuer,
mais sa fille l'interrompit.

— Tu veux venir manger à la maison
ce soir ?

Jacques resta interdit.

— Je peux venir te chercher. Chloé sera enchantée de voir enfin son papy en

chair et en os.

— Oui, fit d'une voix brisée Jacques.

— Prépare-toi, je me mets tout de suite en route.

Jacques raccrocha. Un flux continu de larmes s'écoulait sur ses joues. Il les essuya, en vain, d'un revers de manche. Peu importe. Sa fille habitait sur Nancy. Elle mettrait une demi-heure pour arriver. Avant, il fallait que soit emballé le tableau pour la petite.

Vous avez aimé ce livre ?

Tout d'abord, merci !

Le succès d'un livre venant essentiellement du bouche-à-oreille, la meilleure chose à faire est d'en parler autour de vous.

Vous pouvez également laisser un avis sur le site d'achat (Amazon, Kobo, La Fnac...) ou sur des sites spécialisés (Babelio, Booknode).

En vous inscrivant à ma newsletter, vous recevrez une nouvelle gratuite et découvrirez les coulisses de ma vie d'autrice ainsi que des anecdotes sur mes projets d'écriture. Pour cela, il suffit de vous rendre sur mon site internet : linemarlin.com.

Pour finir, si le cœur vous en dit, vous pouvez m'envoyer un message à contact@linemarlin.com.

Merci pour votre confiance !

À bientôt,

Line Marlin

Dépôt légal : octobre 2017

www.ingramcontent.com/pod-product-compliance
Lightning Source LLC
Chambersburg PA
CBHW051213160726
47994CB00002B/590